BEI GRIN MACHT SICH IHR WISSEN BEZAHLT

- Wir veröffentlichen Ihre Hausarbeit, Bachelor- und Masterarbeit

- Ihr eigenes eBook und Buch - weltweit in allen wichtigen Shops

- Verdienen Sie an jedem Verkauf

Jetzt bei www.GRIN.com hochladen und kostenlos publizieren

Bibliografische Information der Deutschen Nationalbibliothek:

Die Deutsche Bibliothek verzeichnet diese Publikation in der Deutschen National-bibliografie; detaillierte bibliografische Daten sind im Internet über http://dnb.d-nb.de/ abrufbar.

Dieses Werk sowie alle darin enthaltenen einzelnen Beiträge und Abbildungen sind urheberrechtlich geschützt. Jede Verwertung, die nicht ausdrücklich vom Urheberrechtsschutz zugelassen ist, bedarf der vorherigen Zustimmung des Verlages. Das gilt insbesondere für Vervielfältigungen, Bearbeitungen, Übersetzungen, Mikroverfilmungen, Auswertungen durch Datenbanken und für die Einspeicherung und Verarbeitung in elektronische Systeme. Alle Rechte, auch die des auszugsweisen Nachdrucks, der fotomechanischen Wiedergabe (einschließlich Mikrokopie) sowie der Auswertung durch Datenbanken oder ähnliche Einrichtungen, vorbehalten.

Impressum:

Copyright © 2017 GRIN Verlag, Open Publishing GmbH
Druck und Bindung: Books on Demand GmbH, Norderstedt Germany
ISBN: 9783668465015

Dieses Buch bei GRIN:

http://www.grin.com/de/e-book/367106/omni-channel-marketing-als-chance-fuer-eine-nachhaltige-kundenbindung-in

Bastian Ott

Omni-Channel-Marketing als Chance für eine nachhaltige Kundenbindung in der Hotelbranche

GRIN Verlag

GRIN - Your knowledge has value

Der GRIN Verlag publiziert seit 1998 wissenschaftliche Arbeiten von Studenten, Hochschullehrern und anderen Akademikern als eBook und gedrucktes Buch. Die Verlagswebsite www.grin.com ist die ideale Plattform zur Veröffentlichung von Hausarbeiten, Abschlussarbeiten, wissenschaftlichen Aufsätzen, Dissertationen und Fachbüchern.

Besuchen Sie uns im Internet:

http://www.grin.com/

http://www.facebook.com/grincom

http://www.twitter.com/grin_com

Hochschule für angewandtes Management
Fakultät Betriebswirtschaftslehre
Wintersemester 2016/17

Schriftliche Präsentationsvorlage:

Omni-Channel-Marketing als Chance für eine nachhaltige Kundenbindung in der Hotelbranche

vorgelegt von
Bastian Ott
1. Semester

Inhaltsverzeichnis

1. Die Bedeutung von Kundenbindung in der Hotellerie
    - 1.1 Thesis Statement
    - 1.2 Abgrenzung Omni-Channel-Marketing
    - 1.3 Besonderheiten des Hotellerie Marketing
    - 1.4 Relevanz einer erfolgreichen Kundenbindung für die Hotelbranche
2. Omni-Channel-Marketing als Chance für eine nachhaltige Kundenbindung in der Hotelbranche
    - 2.1 Gründe
    - 2.2 Erfolgsfaktoren
    - 2.3 KPIs zur Erfolgsüberprüfung
3. Fazit
4. Literatur- und Abbildungsverzeichnis

Inhaltsverzeichnis

1. Die Bedeutung von Kundenbindung in der Hotellerie

    1.1 Thesis Statement

    1.2 Abgrenzung Omni-Channel-Marketing

    1.3 Besonderheiten des Hotellerie-Marketing

    1.4 Relevanz einer erfolgreichen Kundenbindung für die Hotelbranche

2. Omni-Channel-Marketing als Chance für eine erfolgreiche Kundenbindung in der Hotelbranche

    2.1 Gründe

    2.2 Erfolgsfaktoren

    2.3 KPIs zur Erfolgsüberprüfung

3. Fazit

4. Literatur- und Abbildungsverzeichnis

---

1. Die Bedeutung von Kundenbindung in der Hotellerie

Wie in vielen anderen Branchen sieht sich auch die Hotellerie durch die immer enger vernetzte Welt einem stetig wachsendem Wettbewerb ausgesetzt. Über Hotelplattformen im Internet, sogenannte OTA's (Online Travel Agencies), können Hotels sowie deren Angebote und Preise verglichen werden. Plattformen für das Anbieten privater Übernachtungsmöglichkeiten, wie der Marktführer Airbnb, buhlen erfolgreich um die Gunst potentieller Übernachtungsgäste (Abb.1).

Um sich in diesem Wettbewerb zu behaupten, ist es für Hotels wichtiger denn je, die Bedürfnisse und Wünsche ihrer individuell definierten Zielgruppe zu kennen und zu befriedigen. In der vorliegenden Präsentationsvorlage wird der Fokus jedoch nicht auf die Neukundenakquise, sondern auf die Kundenbindung gelegt.

Grundlage für eine erfolgreiche Kundenbindung in der Hotellerie ist es, möglichst viele und relevante Informationen über den Gast vor, während und nach dem Hotelbesuch zu sammeln, auszuwerten und in Maßnahmen umzusetzen. Aufbauend auf diesen Informationen gibt es verschiedenste offline und online Marketingstrategien, die die Entwicklung einer nachhaltigen Kundenbindung fördern können.

Der ganzheitliche Ansatz des Omni-Channel-Marketings beinhaltet sowohl Elemente des online und offline Marketings und bietet die Chance über alle möglichen Touchpoints simultan Informationen über den Gast zu sammeln und mit ihm in Interaktion zu treten.

Doch was spricht für die Einführung einer solchen Strategie? Wo liegen hier die Chancen für eine erfolgreiche Kundenbindung und wie kann diese gemessen werden? Diese Fragen sollen in der vorliegenden Präsentationsvorlage genauer untersucht werden.

Abbildung 1:
Wachstum von Airbnb in Deutschland Stand 2015 (Hotelling 2015)

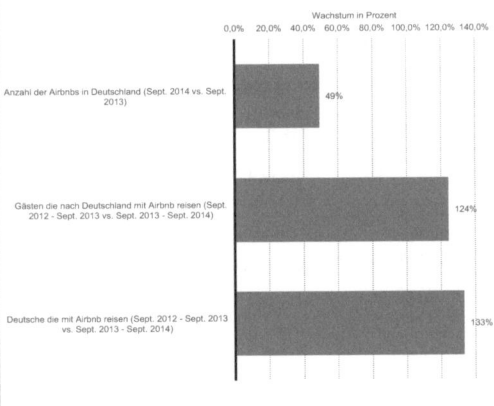

1.1 Thesis Statement

Thesis Statement:

Omni-Channel-Marketing als Chance für eine nachhaltige Kundenbindung in der Hotelbranche

---

1.2 Abgrenzung Omni-Channel-Marketing

Für ein besseres Verständnis des Begriffs **Omni-Channel**, soll ein Teil der Definition aus Gablers-Wirtschaftslexikon dienen:

„*Omni-Channel-Management [...] bezeichnet das synergetische Planen, Steuern und Kontrollieren der zahlreichen, verfügbaren Vertriebskanäle und Kundenkontaktpunkte („Customer-Touchpoints"), um das Kundenerlebnis und den Unternehmenserfolg über die verschiedenen Vertriebskanäle und Prozessschritte hinweg zu optimieren. Kunden können zu jeder Zeit zwischen den verschiedenen Kanälen (stationär, online, mobil, Callcenter, Soziale Medien, Kataloge) wechseln. Kanäle und Marken stehen miteinander in Wechselwirkung. Kundenkontaktpunkte sind eine Folge von direkten oder indirekten Berührungen mit einer Marke oder Firma. [...]*"

(Springer Gabler Verlag 2017a)

Die Abgrenzungen des Begriffs „Omni-Channel" unter anderen Arten des Channel Marketings unterscheiden sich in der Literatur. Für die Unterscheidung in der vorliegenden Arbeit soll die auf der rechten Seite der Folie verwendete Abbildung dienen (Abb. 2).

Abbildung 2: Omni-Channel-Marketing (in Anlehnung an IT-factory 2016: 4)

Single-Channel
Die Kundenbedürfnisse werden durch **einen Kommunikationskanal** identifiziert und erfüllt.

Multi-Channel
Die Kundenbedürfnisse werden durch verschiedene, **unverbundene Kommunikationskanäle** identifiziert und erfüllt.

Cross-Channel
Die Kundenbedürfnisse werden durch die **Verknüpfung verschiedenster Kommunikationskanäle zu einem** identifiziert und erfüllt.

Omni-Channel
Die Kundenbedürfnisse werden **gleichzeitig durch mehrere Kommunikationskanäle** identifiziert und erfüllt.

1.3 Besonderheiten des Hotellerie Marketing

Besondere Merkmale des Hotelmarketing sind:

- Wie in anderen Dienstleistungsbranchen spielt Kundenorientierung in der Hotellerie eine wichtige Rolle. Das Prinzip „Der Kunde ist König" kommt aus der Hotelbranche und zeigt, dass schon seit langer Zeit ein stark ausgeprägtes Qualitätsbewusstsein und eine hohe Gästeorientierung in Bezug auf den Servicekontakt in der Hotelbranche herrscht [vgl. Gardini 2009: 25].

- Deshalb wird das Hotelmarketing in der Literatur auch als Gästemarketing bezeichnet: „Gästemarketing ist strategisches sowie operatives Reagieren auf Wünsche der Gäste mit dem Ziel, diese durch Leistung im gastgewerblichen Unternehmen zu begeistern und damit langfristig zu binden" [Meffert/Burmann/Kirchgeorg 2008: 11].

- Die verschiedenen Eigenschaften von Hoteldienstleistungen wie die Immaterialität, die Nichtlagerfähigkeit, die Substituierbarkeit, die Heterogenität, die Komplementarität und die Kundenpräsenzbedingtheit beeinflussen und stellen hohe Ansprüche an ein zielorientiertes Marketing in der Hotellerie [vgl. Berg 2008: 413].

Abbildung 3: Die 4P's des Marketing in der Hotelbranche (eigene Darstellung)

Product:	Placement:

- Mittelpunkt des Hotelmarketing
- Unterscheidung der Leistungen in:
  - (selbstverständliche) Standartleistungen (z.B. Sauberkeit)
  - (erhoffte) Zusatzleistungen (z.B. angenehme Atmosphäre) und
  - (als Alleinstellungsmerkmal dienende) Spitzenleistungen (z.B. Sternegastronomie)
(vgl. Berg 2008: 414-416)
	- Unterscheidung in direkte und indirekte Betriebswege
	  - direkt: Kontakt über eigene Kanäle und/oder Mitarbeiter
	  - indirekt: Kontakt über Hotelvergleichswebsiten, Tourismusbüros, etc.
	(vgl. Berg 2008: 425-426)

Price:	**Promotion:**
- Elastische Preispolitik – geprägt von Anpassungen je nach Saison und Auslastung - Fokus auf Kalkulations- und Preisfestsetzungsverfahren und der Gewinnoptimierung - Preis- und Leistungsvergleich mit Wettbewerbern und Analyse der Zielgruppe (vgl. Berg 2008: 416-425)	- Unterscheidung nach Werbe- und Verkaufsförderungsmaßnahmen und Öffentlichkeitsarbeit - Umfang und Art der Maßnahme sehr stark von Betriebsgröße abhängig - Entweder Promotion eines bestimmtes Produkt oder eine Dienstleistung oder Promotion des Hotels an sich (vgl. Berg 2008: 414 ff.)

1.4 Relevanz einer erfolgreichen Kundenbindung für die Hotelbranche

Die vorliegenden Arbeit legt den Fokus auf die Kundenbindung. Doch was versteht man überhaupt darunter? Im Gabler Wirtschaftslexikon wird Kundenbindung wie folgt definiert:

> „Bindung eines Nachfragers an einen bestimmten Anbieter zum Zweck der Realisierung bzw. Planung wiederholter Geschäftsabschlüsse innerhalb eines bestimmten Zeitraums."
> (Springer Gabler Verlag 2017b)

Eine differenzierte und anschauliche Definition, die erklärt, aufgrund welcher Ursachen es zu einer Kundenbindung kommt und welche Folgen diese hat, zeigt die Abbildung 4.

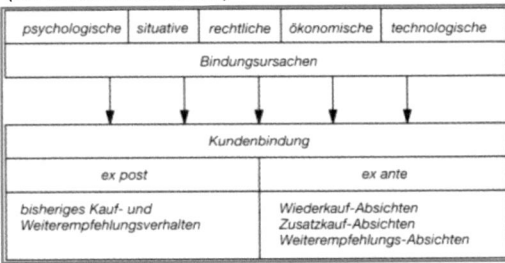

Abbildung 4: Ursachen und Wirkung der Kundenbindung (Das Wirtschaftslexikon 2017)

Warum eine starke Kundenbindung so wichtig für den Erfolg eines Unternehmens ist, verdeutlichen folgenden Fakten:

> 73 % aller Marketingspezialisten betrachten Kundenorientierung als entscheidend für ihren Geschäftserfolg und ihre Rolle im Unternehmen.

> Hotelgäste mit hoher emotionaler Bindung geben jährlich 46 % mehr aus als Übernachtungsgäste ohne emotionale Bindung.

> Eine Steigerung der Kundenbindung um 2 % hat dieselbe Wirkung wie eine Kostensenkung um 10 %.

> Laut einer CEI-Umfrage sind 86 % der Käufer bereit, für ein besseres Kundenerlebnis mehr zu bezahlen. (vgl. Brown 2014)

Inhaltsverzeichnis

1. Die Bedeutung von Kundenbindung in der Hotellerie

   1.1   Thesis Statement

   1.2   Abgrenzung Omni-Channel-Marketing

   1.3   Besonderheiten des Hotellerie-Marketing

   1.4   Relevanz einer erfolgreichen Kundenbindung für die Hotelbranche

2. Omni-Channel-Marketing als Chance für eine erfolgreiche Kundenbindung in der Hotelbranche

   2.1   Gründe

   2.2   Erfolgsfaktoren

   2.3   KPIs zur Erfolgsüberprüfung

3. Fazit

4. Literatur- und Abbildungsverzeichnis

---

2. Omni-Channel-Marketing als Chance für eine nachhaltige Kundenbindung in der Hotelbranche

Nachdem die Bedeutung einer erfolgreichen Kundenbindung für die Hotelbranche belegt wurde, sollen nun die Art und Weise der Kundenbindung in den Fokus rücken.

Kundenbindungsprogramme stellen ein zentrales Element dar, um mit Besuchern auch nach ihrem Besuch in Kontakt zu bleiben und sie zu loyalen Kunden zu machen. Eine von Oliver Wyman (2015) veröffentlichte Tabelle zeigt die veränderte Charakteristika aktueller und traditioneller Kundenbindungsprogramme (Abb. 4).

Doch wie kann ein Omni-Channel-Ansatz zu einer nachhaltigeren Kundenbindung führen?

Abbildung 4: Charakteristika aktueller und traditioneller Kundenbindungsprogramme (Wyman 2015: 5)

	DIE ALTE PRÄMIENWELT	DIE NEUE BEZIEHUNGSWELT
Grundlage	Starre Einteilung in Kundengruppen	Individuelle Beziehung und Zugehörigkeitsgefühl
Prämienberechnung	Transparente Kriterien ohne Ausnahmen oder individuelle Spielräume	Kriterien bieten Ermessensspielraum und erlauben Überraschungen
Betrachtungszeitraum	Gegenwart und Zukunft	Einbeziehung der Vergangenheit
Kommunikationsmittel	Punkte, Kontoauszüge, Allgemeine Geschäftsbedingungen	Symbole und Gesten der Zugehörigkeit (ohne zu übertreiben)
Identifizierung	Plastikkarte	Kanal- und plattformübergreifende Medien
Kundennutzen	Wirtschaftlicher Mehrwert	Weit mehr als Prämien (z.B. Zugehörigkeit)
Geisteshaltung	Anspruchsdenken	Wertschätzung

Kern des Omni-Channel Ansatz ist es, dem Hotelbesucher vor, während und nach dem Hotelaufenthalt, also auf der gesamten Customer Journey eine einheitliche positive Erfahrung über alle möglichen Kanäle hinweg zu ermöglichen. Dass den Onlinekanälen dabei eine stetig steigende Bedeutung zukommt, belegen folgende Statistiken aus dem Jahr 2016 zur Internetnutzung der deutschen Bevölkerung ab 14 Jahren:

- 79 % nutzt das Internet (Initiative D21)
- 76 % besitzt ein Smartphone (Bitkom 2017)
- Ist im Durchschnitt 128 Minuten am Tag im Internet (ARD/ZDF 2017)

Die zunehmende Digitalisierung und Vernetzung sämtlicher Bereiche des Lebens bietet für das Hotelmarketing die große Chance, viele Informationen über das Verhalten der Gäste zu erhalten und diese in die Planung individueller Kundenbindungsstrategien über alle Kanäle hinweg miteinzubeziehen. Bei einem Blick auf die Besonderheiten des Hotelmarketings (1.3) wird deutlich, wie wichtig eine Individualisierung des Angebots, besonders im Dienstleistungsmarketing, ist.

2.1 Gründe

1. Neue Wettbewerber revolutionieren den Markt

Genau wie im Einzelhandel gibt es inzwischen eine Reihe von Unternehmen, die sich in der Schnittstelle zwischen Gast und Hotel angesiedelt haben. In Zeiten von Vergleichsportalen, Suchmaschinen und OTA's wird es für das Hotelmarketing immer schwerer, in direkten Kontakt mit den Kunden zu treten.

Auch die neuen Wettbewerber sind bemüht, eine direkte Beziehung mit dem Kunden aufzubauen. Wenn Hotels nicht reagieren, wird die Kundenloyalität und damit auch die Kundenbindung wegen der fehlenden Interaktion abnehmen. Buchungen werden aufgrund der guten Vergleichbarkeit von **Preisen, Rezensionen und Angeboten** oft auf Vergleichsportalen vorgenommen (Wyman 2015: 4).

Hotels müssen durch individuelle und innovative Kundenbindung versuchen, diese Vorteile der Wettbewerber zu minimieren und durch **eigene Initiativen, Individualität und Alleinstellungsmerkmale** wieder in direkten Kontakt mit dem Kunden zu treten.

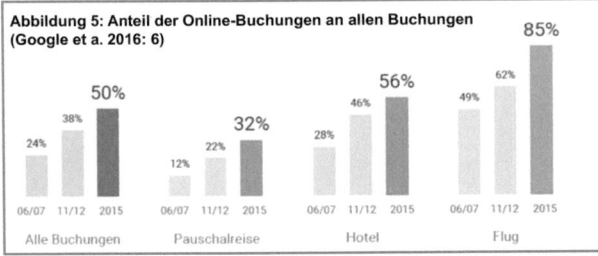

Abbildung 5: Anteil der Online-Buchungen an allen Buchungen (Google et a. 2016: 6)

Eine Studie von Google, TNS, GFK und TUI zum mobilen Buchungsverhalten der Deutschen kommt zu folgenden Ergebnissen:

- Inzwischen werden neun von zehn Reisen online recherchiert und vorbereitet. Die Hälfte davon über das Smartphone.

- Die Hälfte der Reisebuchungen werden schließlich im Internet abgeschlossen.

- Bei Hotels sind es sogar 56% der Buchungen.
(Google et al. 2016)

2.1 Gründe

2. Das Smartphone als wichtigster Begleiter

Das Smartphone ist für viele inzwischen der tägliche Begleiter und Ratgeber. Auch für die Kundenbindung spielt es demnach eine entscheidende Rolle und hat für den Nutzer einen hohen Wert, wie diese Abbildung (Abb. 6) belegt:

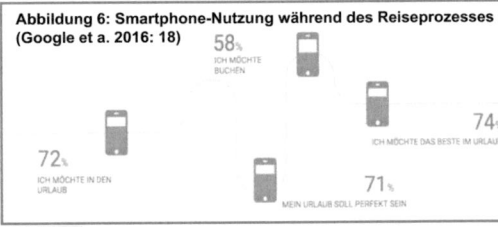

Abbildung 6: Smartphone-Nutzung während des Reiseprozesses (Google et a. 2016: 18)

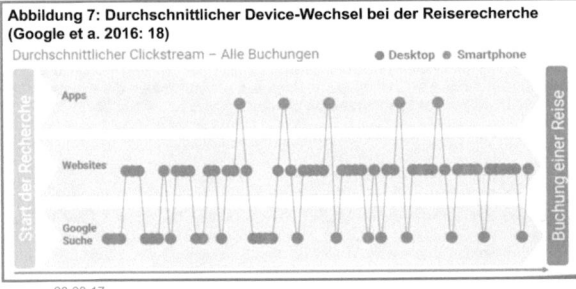

Abbildung 7: Durchschnittlicher Device-Wechsel bei der Reiserecherche (Google et a. 2016: 18)

Während der Recherche für eine Reise wechselt der Internetnutzer durchschnittlich 26 mal das Gerät.

Eine einheitliche Omni-Channel-Marketingstrategie sorgt vor allem unter diesem Aspekt für eine Reduzierung der Pain-Points (Neueingabe der Daten, keine Speicherung der Suchergebnisse, etc.) entlang des Recherche- und Buchungsprozesses und somit für eine verbesserte Customer Journey.

3. Die Kunden und ihre Erwartungen an Kundenbindungsprogramme verändern sich

Neben attraktiveren Prämien, die besser auf die individuellen Bedürfnisse des Einzelnen zugeschnitten sind, wird auch eine andere Art von Beziehung mit den Unternehmen bzw. Hotels erwartet. Das transaktionsbasierte Tauschverhältnis wandelt sich hin zu einer kundenzentrierten Beziehung (Wyman 2015: 5).

Zu den wichtigsten Trends aktueller Kundenbindungsprogramme für Retailer zählen nach Wyman:

Diese lassen sich auch auf die Hotelbranche übertragen. Mögliche Anwendungsbeispiele aus dem Hotelbereich:

- Eine wachsende Zahl exklusiver Aktionen: Punkte treten in den Hintergrund.
- Nicht-monetäre Prämien und Gesten gewinnen an Bedeutung.
- Mit Charity-Prämien und -Punkten können Kunden bei jedem Einkauf wohltätige Organisationen unterstützen.
- Ein verbesserter Einkaufserlebnis dank zusätzlicher Services.
- Weit gefächerte Lifestyle-Anwendungen.
  (Wyman 2015:5)

- Einladungen auf spezielle Veranstaltungen, die in der Stadt stattfinden, angepasst auf das Kundeninteresse.
- Der Welcome-Drink oder Café bei Ankunft im Hotel.
- Mit Charity-Prämien und -Punkten können Kunden bei jeder Hotelbuchung wohltätige Organisationen unterstützen.
- Essenbestellung per App aufs Zimmer.
- Tablets mit allen Angeboten des Hotels direkt buchbar, mit aktuellen Filmen & Musik direkt abrufbar.

Nicht wegen der Prämien an sich, sondern weil sie auf eine individuelle und andere Art und Weise belohnt werden, gestatten Kunden in den genannten Fällen Zugriff auf ihre eigenen Daten.

4. Neue Technologien eröffnen neue Möglichkeiten

Während früher noch die Kundenkarte zentraler Bestandteil von Kundenbindungsprogrammen war, sind es heute das Smartphone und andere Technologien, die ganz neue Möglichkeiten und somit überhaupt erst die Basis für einen Omni-Channel-Ansatz schaffen. Kunden sind nun stets online, eine kanalübergreifende Integration von Offline- und Onlinewelten wird erwartet.

Angebote können gezielt auf einen Zeitpunkt geplant werden, z.B. wenn ein Stammkunde per Smartphone ein Hotel in einer bestimmten Stadt sucht, wird das eigene Hotel in dieser Stadt mit einem Rabatt angeboten.

Soziale Medien sind das zentrale Medium für positive Rezensionen und Beschwerden. Kunden erwarten auf dem gleichen Kanal eine zeitnahe Antwort und im Idealfall eine Lösung der Angelegenheit.

Apps können es den Hotelbesuchern erleichtern, sich in einem Hotel zurechtzufinden, die passenden Angebote auszuwählen oder den Check-In, Check-Out oder Bezahlvorgang vorzunehmen (Wyman 2015: 6).

2.1 Gründe

5. Gäste sind bereit, private Informationen zu teilen

Eine Grundvoraussetzung für die Entwicklung einer individuellen Marketingstrategie ist, dass Hotelbesucher überhaupt bereit sind, persönliche Informationen wie Geschlecht, Alter, E-Mail-Adressen, aber auch ihren Standort oder ihre Social-Media-Präsenzen dem Hotel zu überlassen.

In der 2016 durchgeführten Hospitality Vision Study wurde herausgefunden, dass inzwischen 75% der Reisenden bereit sind, persönliche Informationen zu teilen, wenn sie dafür im Gegenzug individualisierte Angebote erhalten. Jedoch veröffentlichen die meisten Reisenden ungern ihren Standort oder den Social-Media-Account. Doch diese Tatsache kann sich bald ändern. Die sogenannte Generation Y, geboren zwischen 1980 und 2000, zeigt hier eine wesentlich höhere Bereitschaft, besagte Daten freizugeben, als z.B. die ältere Generation zwischen 50 und 64 Jahren.

Dies ist insofern interessant, als dass die Generation Y, auch Millenials genannt, inzwischen die relevanteste Kundengruppe für die Hotelbranche darstellt.

Wichtig für ein erfolgreiches und nachhaltiges Hotelmarketing ist die absolute Transparenz für den Gast, welche von seinen Informationen gespeichert werden und die Möglichkeit für den Gast, darauf Einfluss zu nehmen (Zebra Technologies 2016: 9).

Abbildung 8: Bedenken der Gäste beim Thema Privatsphäre (Zebra Technologies 2016: 9)

80%
Want to control how personal information is used to tailor experience

74%
Appreciate hotel/ resorts that customize messaging and offers

60%
Are concerned about having their location and behavior/movement tracked, as well as sharing their social media profile

2.2 Erfolgsfaktoren

Nachdem die Gründe aufgezeigt wurden, weshalb es bei Kundenbindungsprogrammen darauf ankommt, neue Wege und Strategien zu entwickeln, um einen loyalen Kunden zu gewinnen, werden nun Erfolgsfaktoren für solche Programme dargelegt. Gerade vor dem Hintergrund, dass Stammkunden oft mehr Umsatz generieren und die Bindung von Stammgästen fünf bis zehn mal günstiger ist als die Neukundengewinnung, sind diese Erfolgsfaktoren von enormer Bedeutung (bonVito 2013).

Für eine genauere Betrachtung werden Maßnahmen entlang der Customer Journey – vor, während und nach dem Aufenthalt – untersucht, bevor im letzten Teil der Arbeit dann passende KPI's **(key performance indicators)** zur Messung vorgeschlagen werden. Dabei richten sich die Maßnahmen jedoch nur auf die Kundenbindung, nicht auf die Neukundenakquise.

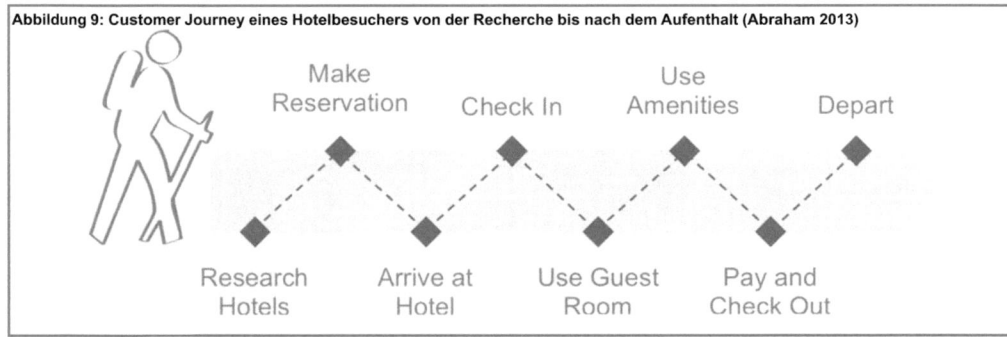

Abbildung 9: Customer Journey eines Hotelbesuchers von der Recherche bis nach dem Aufenthalt (Abraham 2013)

2.2 Erfolgsfaktoren

1. Erfolgsfaktoren vor dem Aufenthalt

- **Hotelsuche:**

  > Rabattaktionen für die Zimmerbuchung in einer Stadt X per E-Mail, sobald der Stammgast online nach der Stadt X oder eine Reise in die Stadt X sucht.
  > Empfehlungen für Aktivitäten in der jeweiligen Stadt auf die individuelle Stammgastwünsche angepasst (Sport, Kultur, Kulinarik, Business), ggf. kombiniert mit Ermäßigungen.
  > Interaktiver Stadtplan mit Geheimtipps zum Herunterladen.
  > Interaktion und Angebote bei Interaktion mit dem Hotel in den Sozialen Medien (Ermäßigung bei Liken oder Sharen).

- **Hotelbuchung:**

  > Hinterlegte Kontaktdaten nach Login im Internet oder Login in Hotel-App.
  > Individualisierung des Zimmers bereits vor der Ankunft.
  > Belohnungen bei Buchung direkt über die Hotel-Website oder App.
  > Benachrichtigungen für Buchungsbestätigung, Änderungen bei der Reservierung, das fertige Zimmer (ggf. vor dem regulären Check-In) oder neue, kurzfristig verfügbare Zimmer, die den Interessen des Gastes entsprechen (Abbildung 10).

> Abbildung 10: Bedeutung von Text/E-Mail-Benachrichtigungen für Hotelgäste (Google et al. 2016)
>
> **89%** Confirmation of room booking
> **88%** Issues/changes to booking
> **84%** Room readiness
> **82%** New room options available (upgrades, new availability)

2.2 Erfolgsfaktoren

2. Erfolgsfaktoren während des Aufenthalts

- **Ankunft & Check-In:**

  > Personalisierte Begrüßung bei der Ankunft.
  > Smartphone Check-In möglich, keine Wartezeit.
  > Smartphone als Zimmerschlüssel.

- **Zimmer- & Hotelnutzung:**

  > Allg. Personalisierung des Aufenthalts.
  > Zimmer: Kissenstärke, Stockwerk, Temperatur.
  > Unterhaltung: Event-Ermäßigungen, Spezial-Angebot je nach Location, Buchung von Hotelleistungen per App/Online.
  > Kulinarik: individuelle Vorschläge, Menü-Angebot, Auswahl und Bezahlung per App/Online.
  > Aktives Beschwerde-Management (persönlich oder per App/Online).

> **AUTOMATING CONVENIENCE**
> **66%** of guests have a better experience when associates use the latest technology
> **68%** of guests want to use their smartphone to speed up check in

" I don't think we should ignore the very good service that hotel staff provide their guests. Technology should enhance the experience, not supplant it."

(Google et al. 2016: xx)

A whopping 92% of guests carry a smartphone, and 40% use hotel apps on them, while another 30% are inclined to download one.

(Google et al. 2016: XX)

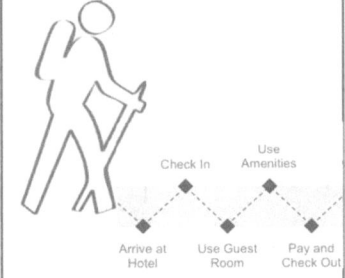

3. Erfolgsfaktoren nach dem Aufenthalt

- **Check-Out, Bezahlung & Rechnungsstellung:**

  - Late Check-Out-Angebot, wenn möglich
  - Bezahlung per App möglich
  - Rechnung per Mail

- **Abfahrt:**

  - Flughafenshuttle oder andere Mobilitätsangebote
  - Food Take-Away-Service
  - Aufenthalt-Möglichkeiten für Stammkunden bei später Abreise

- **Zurück zu Hause:**

  - Umfrage zur Qualität des Aufenthalts für eine kleine Prämie.
  - Aufmerksamkeit zum Geburtstag.
  - E-Mail Erinnerung an Buchungen & Erlebnisse, die z.B. genau ein Jahr her sind.
  - Individuelle Empfehlungen zum Einlösen von Prämien.

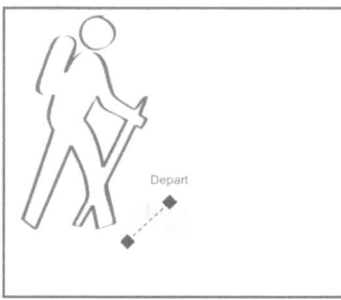

Messung des Erfolgs von Kundenbindungsmaßnahmen durch den Omni-Channel-Ansatz

Zur Messung des Erfolges von Kundenbindungsmaßnahmen bietet die Literatur eine große Anzahl von KPIs an, deren Aufzählung und Beschreibung den Rahmen dieser Arbeit sprengen würden. KPIs des Cross- oder Multi-Channel-Marketings lassen sich zu beträchtlichen Teilen auch auf den Omni-Channel-Ansatz übertragen.

Jetzt stehen Marketingverantwortliche von Hotels häufig noch vor der Problematik, dass sich die Offline-Aktivitäten der Stammgäste nur schwer messen und einem klaren Auslöser zuordnen lassen. Vier mögliche KPIs zur Messung des Erfolges von Kundenbindungsmaßnahmen durch einen Omni-Channel-Ansatz sollen im Rahmen der Arbeit kurz vorgestellt und kritisch bewertet werden:

1. EKubin-Index
2. Net-Promoter-Value
3. Customer-Engagement
4. Kundenfluktuationsrate

2.3 Key Performance Indicators

1. EKubin-Index

Der von Ulysses-Web-Tourismus entwickelte EKubin-Index versucht anhand ausgewählter Kriterien, die Stärke und die Ausprägung der emotionalen Kundenbindung zu messen. Dieser Index eignet sich sowohl zur internen Messung als auch zum Vergleich mit Wettbewerbern. Dem Ansatz liegt die Annahme zugrunde, dass Kundenbindung nicht gleich Kundenzufriedenheit bedeutet, da Bindung beispielsweise auch durch Gewohnheit entsteht.

Methode:
- Gästen werden unmittelbar nach der Buchung 16 Fragen zum Kundenverhalten, zur Kundenorientierung und zum Anbietervorteil gestellt.
- Auswertung der Antworten in Kategorien und Einordnung auf einer Skala von 0 – 100%. Aus dem Mittelwert in allen Kategorien wird dann der prozentuale EKubin-Index berechnet und der Gast schließlich einer der in Abbildung 11 zu sehenden Kategorien zugeordnet.

(vgl. Rossmann 2011)

Abbildung 11: EKubin-Auswertung (Rossmann 2011: 14)

Legende:	
90% - 100%	es liegt eine **extrem starke**, emotionale Kundenbindung vor (Fan)
75% - 90%	es liegt eine **starke**, emotionale Kundenbindung vor (Anhänger)
60% - 75%	es liegt eine **überdurchschnittliche** emotionale Kundenbindung vor
40% - 60%	es liegt eine **durchschnittliche** emotionale Kundenbindung vor (Opportunisten)
25% - 40%	es liegt eine **unterdurchschnittliche** emotionale Kundenbindung vor
10% - 25%	es liegt eine **sehr geringe** emotionale Kundenbindung vor (Terroristen)
0% - 10%	es liegt **keine** emotionale Kundenbindung vor (Piraten)

Bewertung:
Gerade aufgrund der Besonderheiten des Hotelmarketings, auf die bereits früher in der Arbeit eingegangen wurde (vgl. 1.3), hält der Autor eine Messung der emotionalen Bindung, die über das faktische Kundenverhalten hinausgeht, für besonders relevant.

Wie unter Punkt 2 der Arbeit aufgezeigt, hat sich die Art der Kundenbindung durch die zunehmende Digitalisierung stark gewandelt. Wertschätzung und eine individuelle Beziehung zwischen Unternehmen bzw. Hotel und Kunden bzw. Gast rücken immer mehr in der Vordergrund – gerade auch vor dem Hintergrund der Erkenntnis, dass Stammkunden mit einer hohen emotionalen Bindung in der Regel für ein Hotel mehr Gewinn bringen als andere Gäste.

2.3 Key Performance Indicators

2. Net Promoter Score (NPS)

Der von Fred Reichelt entwickelte Net Promoter Score ist ein Wert, der die Bereitschaft von Kunden bzw. Gästen ermittelt, das Produkt bzw. die Dienstleistung eines Unternehmens/Hotels weiterzuempfehlen.

Methode:
- Gästen bewerten auf einer Skala von 0-10, wie hoch die Wahrscheinlichkeit ist, das Hotel einem Freund weiterzuempfehlen.
- Bei einer Wertung von 10 oder 9 spricht man von Promotoren, also loyalen und enthusiastischen Fans, bei einer Wertung von 8-7 spricht man von Passiven, einer Kundengruppe, die momentan zufrieden mit der Leistung des Unternehmens ist, aber eine Weiterempfehlung bereits 50 Prozent unwahrscheinlicher ist als bei den Promotoren. Detraktoren geben eine Wertung von 6-0 Punkten ab und sind mit der empfangen Leistung nicht zufrieden. Sie sind für mehr als 80 Prozent der negativen Mund-zu-Mund-Empfehlungen verantwortlich.
- Der NPS berechnet sich schließlich aus der Differenz des Prozentsatzes alle Promoter und Detraktoren. (vgl. Bain & Company: k.A.)

Bewertung:
Positiv ist die Einfachheit der Erfassung zu bewerten. Man stellt lediglich eine Frage. Die Kundenbindung kann so an vielen Touchpoints kontinuierlich erfasst werden. Zudem ist diese Methode für jeden leicht verständlich.

Kritisiert wird am NPS, dass er den komplexen Beziehungen zwischen Unternehmen und Kunden nur bedingt Rechnung trägt. Auch der Zusammenhang zwischen einem hohen NPS und einem gutem Unternehmensergebnis konnte nicht immer klar ausgewiesen werden (vgl. Ruf 2007: 38 f.).

Abbildung 12: Net Promoter Score (Bain & Company: k.A.)

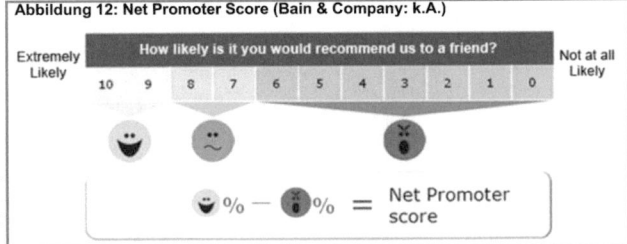

3. Customer Engagement (CE[11] – Metric)

Ähnlich wie beim EKubin-Index misst die von Gallup entwickelte CE[11] – Metric die emotionale Verbindung zwischen Unternehmen und Kunden.

Methode:
- Elf Fragen (acht Fragen zur emotionalen Bindung und drei Fragen zur rationalen Loyalität).
- Auf Grundlage der elf Antworten werden die Kunden in vier Kategorien aufgeteilt:
    - Fully Engaged Customers: emotional gebunden und rational loyal.
    - Engaged Customers: beginnende, emotionale Gebundenheit.
    - Not Engaged Customers: emotional und rational neutral.
    - Actively Disengaged Customers: emotional unabhängig und aktiv antagonistisch (Gallup Consulting 2009: 3).

Bewertung: Vor dem Hintergrund, dass in einer Studie belegt werden konnte, dass in der Hotelbranche „Fully Engaged"-Customers im Jahr für ein Hotel 46% mehr Geld ausgeben als „Actively Disengaged"-Customers, ist die CE[11] – Metric als attraktiver Ansatz für die Hotellerie zu bewerten (vgl. Gallup k.A.).

4. Kundenfluktuationsrate

Die Kundenfluktuationsrate bewertet die Anzahl der Kunden, die das Hotel jährlich verlassen, im Verhältnis zu denen, die dem Hotel erhalten bleiben.

Methode:
Anzahl der verlorenen Stammgäste dividiert durch die Anzahl der behaltenden Stammgäste.

Bewertung:
Zwar gibt die Kundenfluktuationsrate Aufschluss über den Verlust an Stammkunden, jedoch bleiben bei dieser einfachen Berechnung die Gründe dafür unbekannt (vgl. Schüller 2011: 2).

1. Die Bedeutung von Kundenbindung in der Hotellerie

    1.1   Thesis Statement

    1.2   Abgrenzung Omni-Channel-Marketing

    1.3   Besonderheiten des Hotellerie-Marketing

    1.4   Relevanz einer erfolgreichen Kundenbindung für die Hotelbranche

2. Omni-Channel-Marketing als Chance für eine erfolgreiche Kundenbindung in der Hotelbranche

    2.1   Gründe

    2.2   Erfolgsfaktoren

    2.3   KPIs zur Erfolgsüberprüfung

3. Fazit

4. Literatur- und Abbildungsverzeichnis

2.3 Fazit

Zusammenfassend soll noch einmal auf die in der Einleitung gestellten Fragen an diese Arbeit eingegangen werden:

Was spricht für die Einführung einer Omni-Channel-Strategie?
Für die Einführung eine Omni-Channel-Strategie spricht vor allem das Bedürfnis der Kunden nach einer persönlichen, individuellen und auf Werten basierenden Beziehung mit dem Hotel (Abbildung 13). Eine einheitliche, synchrone Erfassung und Verarbeitung von Informationen scheint in diesem Zusammenhang der effektivste Weg. Hinzu kommt, dass sich durch das Smartphone neue Wege für die Kommunikation mit dem Kunden ergeben. Die Grenzen zwischen Offline- und Online-Kontakt verschwimmen.

Wo liegen die Chancen für eine erfolgreiche Kundenbindung und wie kann diese gemessen werden?
Durch die Möglichkeit über alle Kanäle hinweg Informationen über den Stammgast sammeln zu können, können Hotels gezielter als je zuvor auf die Bedürfnisse des Kunden eingehen und jederzeit mit ihm in Interaktion treten. Loyale Stammkunden bieten einen enormen Mehrwert für Hotels (Abb. 13). Die Messung der emotionalen Verbundenheit (EKubin) des Gastes mit dem Unternehmen bzw. Hotel verspricht eine zuverlässige Bewertung des Erfolges von Marketingmaßnahmen. Für eine erste Evaluierung kann aber auch der Net Promoter Score oder die Kundenfluktuationsrate von Nutzen sein.

Auf Grundlage dieser Ergebnisse kommt der Autor zu dem Schluss, dass Omni-Channel-Marketing ein großes Potenzial für eine nachhaltige Kundenbindung in der Hotelbranche sein kann.

Abbildung 13: Vorteile durch emotional gebundene Kunden (Rossmann 2011: 10)

Aus Vergleichsstudien (andere Branchen) geht hervor, dass die emotionale Kundenbindung positiv mit dem wirtschaftlichen Erfolg korreliert. Das liegt vor allem daran, dass die emotional gebundenen Kunden:

- **häufiger** und **öfter** kaufen (Mehrkauf-Induktion),
- offener für **Cross-Selling-Artikel** sind (Erlössteigerung über Zusatzleistungen),
- Fehler und Pannen **schneller verzeihen** (sinkende Reklamationswerte),
- aktiv **weiterempfehlen** (kostenlose Neukundenakquise),
- die **Kosten** für die Bindung **geringer** sind als für die Neukundengewinnung und
- ihr **Hasardeurverhalten** ablegten – es stieg also die Hemmschwelle zur Konkurrenz abzuwandern (zurückgehende Umsatzausfälle).

Abbildung 14: Prioritäten der Hotelgäste (Zebra Technologies 2016: 3)

Personalized interactions

Helpful guest assistants

Loyalty program/rewards

Inhaltsverzeichnis

1. Die Bedeutung von Kundenbindung in der Hotellerie
   - 1.1 Thesis Statement
   - 1.2 Abgrenzung Omni-Channel-Marketing
   - 1.3 Besonderheiten des Hotellerie-Marketing
   - 1.4 Relevanz einer erfolgreichen Kundenbindung für die Hotelbranche
2. Omni-Channel-Marketing als Chance für eine erfolgreiche Kundenbindung in der Hotelbranche
   - 2.1 Gründe
   - 2.2 Erfolgsfaktoren
   - 2.3 KPIs zur Erfolgsüberprüfung
3. Fazit
4. Literatur- und Abbildungsverzeichnis

Literatur- und Abbildungsverzeichnis

Abraham, John (2013): Journey Mapping Helps Organize Around Your Customers, Online: [http://bit.ly/1Gk7Olf], Abruf: 17.02.2017

ARD/ZDF (2017): Entwicklung der durchschnittlichen täglichen Nutzungsdauer des Internets in Deutschland in den Jahren 2000 bis 2016 (in Minuten), Online: [http://bit.ly/2IbhhXg], Abruf: 16.02.2017.

Bain & Company (k.A.): Measuring Your Net Promoter Score, Online: [http://bit.ly/1jepvJY], Abruf: 19.02.2017.

Berg, Waldemar (2008): Tourismusmanagement, 2. Auflage, Ludwigshafen 2008.

binVito (2013): Kundenbindung: Wie aus Kunden Stammkunden werden, Online [http://bit.ly/2ISoyOV], Abruf: 17.02.2017.

Bitkom (2017): Anteil der Smartphone-Nutzer in Deutschland in den Jahren 2012 bis 2016, Online: [http://bit.ly/2epHext], Abruf: 16.02.2017.

Browne, Celia (2014): 44 Facts Defining the Future of Customer Engagement, Online: [http://bit.ly/2IOHm1v], Abruf: 16.02.2017.

Das Wirtschaftslexikon (2017): Kundenbindung, Online: [http://bit.ly/2InaFav], Abruf: 16.02.2017

Gallup (k.A.): Turning Customers Into True Believers. Customer Engagement, Online: [http://bit.ly/1oKgoG2], Abruf: 19.02.2017.

Gallup Consulting (2009): Customer Engagement. What's Your Engagement Ratio?, Online: [http://bit.ly/2kMrAiC], Abruf: 19.02.2017.

Gardini, Marco A. (2009): Marketing Management in der Hotellerie, 2. Auflage, München 2009.

Google/TUI Deutschland/TNS/GFK (2016): The Mobile Traveller. Neue Erkenntnisse zur Customer Journey in der Reisebranche, Online: [http://bit.ly/2kQaTUk], Abruf: 17.02.2017.

Hottelling (2015): Wachstum von Airbnb in Deutschland Stand 2015, Online: [http://bit.ly/2IS5c9a], Abruf: 31.01.2017.

Initiative D21 (2017): Anteil der Internetnutzer in Deutschland in den Jahren 2001 bis 2016, Online: [http://bit.ly/2gbxivz], Abruf: 16.02.2017.

IT-Factory (2016): Omnichannel marketing for hotels, Online: [http://bit.ly/2IaTVkI], Abruf: 16.02.2017.

Meffert, Heribert/Burmann Christoph/Kirchgeorg Manfred (2008): Marketing. Grundlagen marktorientierter Unternehmensführung, 10. Auflage, Wiesbaden 2008.

Reichheld, Frederick F. (2003): The one number you need to grow. Harvard business review, 81 (12), S. 46-55.

Rossmann, Dominik (2011): Emotionale Kundenbindung: Messung des EKubin für Unternehmen, Online: [http://bit.ly/2IXCYNJ], Abruf 19.02.2017.

Ruf, Stefan (2007): Würden Sie diese Methode einem Freund empfehlen?, in: Jahrbuch 2007, hrsg. v. Verband Schweizer Markt- und Sozialforscher, S. 38–40.

Schüller, Anne M. (2011): 7 Kennzahlen: Wie Kundenloyalität gemessen wird, Online: [http://bit.ly/2kVYy13], Abruf 19.02.2017.

Springer Gabler Verlag (2017): Gabler Wirtschaftslexikon, Stichwort: Omni-Channel-Management, Online: [http://bit.ly/2IOvgW0], Abruf: 16.02.2017.

Springer Gabler Verlag (2017): Gabler Wirtschaftslexikon, Stichwort: Kundenbindung, Online: [http://bit.ly/2kW4gSQ], Abruf: 16.02.2017.

Wyman, Oliver (2015): Die Zukunft der Kundenbindung. Aufbau einer neuen Generation von Loyalitätsprogrammen, Online: [http://bit.ly/2kts81P], Abruf: 16.02.2017.

Zebra Technologies (2016): High Tech for High Touch: 2016 Hospitality Vision Study, Online: [http://bit.ly/2igCpM8], Abruf: 17.02.2017.

BEI GRIN MACHT SICH IHR WISSEN BEZAHLT

- Wir veröffentlichen Ihre Hausarbeit, Bachelor- und Masterarbeit

- Ihr eigenes eBook und Buch - weltweit in allen wichtigen Shops

- Verdienen Sie an jedem Verkauf

Jetzt bei www.GRIN.com hochladen und kostenlos publizieren